SOCIÉTÉ DE GÉOGRAPHIE COMMERCIALE
DU HAVRE

CATALOGUE
DE LA
BIBLIOTHÈQUE
par ordre de Matières

SUPPLÉMENT

ANNÉE 1890

HAVRE
IMPRIMERIE DE LA SOCIÉTÉ DES ANCIENS COURLIERS
190, RUE VICTOR-HUGO

1890

BIBLIOTHÈQUE

La Bibliothèque de la Société est ouverte tous les soirs de 6 heures 1/2 à 7 heures 1/2 et de 8 heures 1/2 à 10 heures, excepté les dimanches et jours fériés.

CATALOGUE

DE LA

BIBLIOTHÈQUE

DE LA

SOCIÉTÉ DE GÉOGRAPHIE COMMERCIALE

DU HAVRE

>—<

A — GÉNÉRALITÉS

1 à 1.500

187. Collisions en mer. Neutralisation des bancs de Terre-Neuve, par M. le Commandant ALBERT RIONDEL.

188. Sur les courants superficiels de l'Atlantique Nord, par S. A. le PRINCE ALBERT DE MONACO.

189. Compensation du compas Thomson, par L. ACHARD, Lieutenant de vaisseau.

190. Notice to Mariners — United States hydrographic office
[Washington n° 28

191. » » n° 29

192. » » n° 30

193. » » n° 31

194. » » 1 to 52 of 1883

195. Notice to Mariners — United States hydrographic office
[Washington n° 32

196. »   »   n° 33

197. »   »   n° 34

198. »   »   n° 35

199, »   »   n° 36

200. »   »   n° 37

201. »   »   n° 38

202. Les parlers de France — Lecture faite à la réunion des Sociétés savantes le samedi 26 Mai, par M. Gaston Paris.

203. Discours prononcés à la séance générale du Congrès le Samedi 15 Juin 1889, par M. Renan, membre de l'Institut, et M. Fallières, Ministre de l'Instruction publique et des Beaux-Arts.

204. Notice to Mariners — United States hydrographic office
[Washington n° 39

205. »   »   n° 41

206. »   »   n° 42

207. »   »   n° 43

208. La civilisation et les grands fleuves historiques, par Léon Metchnikoff.

209. Notice to mariners — United States hydrographic office, Washington, n° 44.

210. Notice to mariners — United States hydrographic office, Washington, n° 45.

211. Inauguration de la Bourse de Commerce de Paris le 24 Septembre 1889.

212. Memoria que el administrador général de correos présenta al Ministro de lo intérior.

213. Notice to mariners — United States hydrographic office, Washington, n° 46.

214. La fin d'une légende. — Vie de Jeanne d'Arc (de 1409-1440) par ERNEST LESIGNE.

215. Notice to mariners — United States hydrographic office, [Washington n° 47

216. » » n° 48

217. » » n° 49

218. La Révolution en province d'après les documents inédits des archives des municipalités, par de SAINT-GENIS.

219. Notice to mariners — United States hydrographic office, Washington, n° 50.

B — GÉOGRAPHIE

GÉOGRAPHIE GÉNÉRALE

1.500 à 2.000

1.547. Guide International d'Europe au Brésil et à la Plata par A. LOISEAU BOURCIER.

1.548. Géographie économique de l'Afrique, l'Asie, l'Océanie et l'Amérique par MARCEL DUBOIS.

1.549. Afrique méridionale, par ELISÉE RECLUS.

1.550. Océan et terres océaniques, par ELISÉE RECLUS.

1.551. Geography of the sea, par M. GEORGES L. DYER.

1.552. A travers les tropiques, par XAVIER MARMIER.

1.554. Tour du monde. année 1889 — 1er semestre.

1.555.   »   »   2e semestre.

GÉOGRAPHIE PAR RÉGIONS

2.000 à 3.000

FRANCE

2.275. Géographie économique de la France, par Marcel Dubois.

2.281. La France économique, par Alf. de Foville.

ALGÉRIE ET TUNISIE

2.240. L'Algérie, par Maurice Wahl.

2.241. Mœurs, coutumes et institutions des indigènes de l'Algérie, par le lieutenant-colonel Villot.

2.242. L'Oued Rir' et la colonisation au Sahara, par G. Rolland, ingénieur des Mines.

2.243. La conquête du désert, — Biskra, — Tougourt, — L'Oued-Rir', par G. Rolland.

2.244. Le chemin de fer de Biskra, — Tougourt, — Ouargla, par G. Rolland.

2.249. Une soirée chez les Aïssaouas, par Alfred Ravet.

2.293. A travers la Kabylie et les questions Kabyles, par François Charvériat.

COLONIES FRANÇAISES ET PROTECTORATS

2.229. L'Empire d'Annam et le peuple annamite, par J. SILVESTRE.

2.233. Madagascar, les îles Comores, Mayotte, la Réunion, par E. GENIN.

2.247. Le Congo français, du Gabon à Brazzaville, par LÉON GUIRAL.

2.250. Au Soudan français, souvenirs de guerre et de mission, par le CAPITAINE ETIENNE PÉROZ.

2.255. Le Sénégal, La France dans l'Afrique occidentale, par le GÉNÉRAL FAIDHERDE.

2.260. Annuaire colonial, agricole, commercial et industriel 1889

2.269. Les colonies françaises, par BERT et A. CHAYTON.

2.270. Les colonies françaises, Notices illustrées. N° 1, colonies et protectorats de l'Océan Indien.

2.273. Annuaire de Tahiti pour 1889.

2.276. Les colonies françaises, Notices illustrées. N° 3, colonies et protectorats d'Indo-Chine

2.278. Les colonies françaises, Notices illustrées. N° 3, colonies d'Amérique.

2.280. Nos colonies, par ONÉSIME RECLUS.

2.286. L'île d'Arguin, par ARMAND TRÈVE, ancien commissaire de marine.

2.289. Colonies françaises et pays de protectorat. (Guide publié par la Société des Etudes coloniales et maritimes).

2.301. Nos premières années au Tonkin, par PAULIN VIAL.

2.311. Etat de la Cochinchine française en 1887.

EUROPE

2.248. La Save, le Danube et les Balkans, par M. L. Léger.

2.265. Géographie économique de l'Europe, par Marcel Dubois.

2.285. La Serbie économique et commerciale, par René Millet.

AFRIQUE

2.230. Les Touaregs de l'ouest, par le capitaine H. Bissuel, chef du bureau arabe *(avec cartes)* *(2 volumes)*.

2.239. La conquête pacifique de l'intérieur africain, par le général Philebert.

2.245. La pénétration du Soudan, grandes oasis sahariennes et l'extinction de l'esclavage en Afrique, par Alp. Beau de Rochas, Ingénieur.

2.266. Les Nègres de l'Afrique sus-équatoriale, par Abel Hovelacque.

2.282. Lettres sur le Congo, par Edouard Dupont.

2.284. Trois voyages dans l'Afrique occidentale, par Alfred Marche.

ASIE

2.228. Essays relating to Indo-China (Trubuer's oriental series (*2 volumes*).

2.231. Chine et Japon, Siam (*avec gravures*), par AD. F. DE FONTPERTHUIS.

2.235. Du Caucase aux Indes à travers le Pamir, par GABRIEL BONVALOT.

2.237. L'Asie (1re partie), par LANIER.

2.246. Lettres sur l'Inde. A la frontière afghane, par JAMES DARMESTETER.

2.251. Un Français en Birmanie, voyages et travaux, par GABRIEL MARCEL.

2.252. Chine, Japon, Siam et Cambodge, par AD. F. FONTPERTHUIS.

2.254. Promenade dans l'Inde et à Ceylan, par E. COTTEAU.

2.257. Excursion en Turkestan et sur la frontière russe-afghane, par le comte de Cholet.

2.272. L'empire du Japon, par EMILE LABROUE.

2.277. Les relations de la France avec la Perse, par H. CASTONNET DES FOSSES.

AMÉRIQUE

2.232. Chili et Chiliens, par CHARLES WIENER.

2.234. Bulletin mensual de Estadistica Municipal (Buenos-Ayres 88).

2.238. Censo Municipal de Buenos-Ayres, 1887.

2.253. Les Etats latins de l'Amérique, par M. Ad. F. Fontpertuis.

2.256. Annuaire statistique des Etats-Unis de Venezuela publié par ordre du Gouvernement — Caracas 1884 (*2 volumes*).

2.258. Primer Censo général de la Province de Santa-Fé.

2.259. Los presupuestos, los recursos y las leyes de impuestos de la nacion, les 14 provincias y las principales municipalidades (Buenos-Ayres).

2.261. Original letters and other documents relating to the Selkirk settlement of Manitoba.

2.262. The abortive fenian raid on Manitoba.

2.263. Life of John Tanner, a famous Manitoba scout.

2.264. Henry's journal covering adventures and experiences in the fur trade on the Red River. 1799-180!.

2.274. Aux Etats-Unis, par Frédéric Moreau.

2.267. Information sur la question de la validité du traité fixant les limites des territoires de Costa-Rica et Nicaragua.

2.268. Réponse aux prétentions du Nicaragua.

2.271. Promenades dans les deux Amériques, par Edouard Cotteau.

2.275. Le Brésil en 1889, par F. J. de Santa-Anna Néry.

2.287. L'ile de Cuba, par Hyppolite Pirou.

2.288. Dans les Montagnes Rocheuses, par le baron E. de Mauduit Grancey.

2.290. Notice sur le Salvador (Exposition Universelle de 1889).

2.291. La Pampa, par ALFRED EBELOT.

2.292. Estadistica del commercio y de la navigacion de la República Argentina — année 1888.

2.294. Le Mexique à la portée des industriels, des capitalistes, des négociants importateurs et exportateurs et des travailleurs, par F. BIANCONI.

2.295. Le Kansas en 1889, par EMILE FIRMIN, avocat.

2.296. Notice sur les français de Florence. Kansas (Etats-Unis d'Amérique). Publication complètant la brochure « le Kansas en 1889. »

2.297. La Républica dominicana. Resêna général géografica estadistica par JOSE RAMON ABAD.

2.298. Contributions to canadian paleontology, Montréal 1889.

2.299. Censo municipal de Buenos Ayres — 1887 (*2º volume*).

2.300. Una visita a las Colonias de la Républica Argentina, par ALEJO PEYRET (*2 volumes*).

2.302. Report of the Minister of agriculture for the Dominion of Canada for the calendar year 1888.

2.303. Johnson's graphic statistic of Canada.

2.304. Canada statistical abstract and record for the year 1888.

2.305. Tables of the trade and navigation of the Dominion of Canada — 1888.

OCÉANIE

2.283. Registre journalier tenu au château de Batavia de tout ce qui s'est passé sur place ainsi que dans les Indes Néerlandaises en 1659.

REGIONS POLAIRES

2.236. Quinze ans sous le Cercle polaire, — Mackensie, — Anderson, Youkou, par Emile Petitot.

C — ENSEIGNEMENT - CARTOGRAPHIE

3.000 à 4.000

3.045. Eléments de Géographie, par HENRI LEMONNIER (*avec cartes*) (Cours élémentaire).

3.046. Eléments de Géographie, par HENRI LEMONNIER (*avec cartes*) (Cours moyen).

3.047. Primary geography, par SWINTON.

3.048. Service géographique de l'armée. — Notice sur les objets exposés, — instruments, — cartes (*2 exemplaires*) 1889.

D — GÉOGRAPHIE COMMERCIALE

Emigration — Colonisation

4.000 à 5.000

4.035. La colonisation à travers les principaux peuples anciens et modernes, par le Docteur JULES ROUQUETTE.

4.036. Cahiers coloniaux de 1889, par HENRI MAGER.

F — BULLETINS DES SOCIÉTÉS DE GÉOGRAPHIE
FRANÇAISES & ÉTRANGÈRES

5.500 à 7.000

FRANCE

5.829. Association philotechnique (Paris) 1888.

5.831. Société de Géographie et d'Archéologie de la province d'Oran, 1888.

5.832. Revue Géographique internationale (Paris) 1888.

5.833. Revue générale de la Marine marchande (Paris) 1888.

5.834. Société de Géographie commerciale du Havre 1884/85.

5.835. »   »   1886.

5.836. »   »   1887.

5.837. »   »   1888.

5.840. Société nationale d'Agriculture de France, 1888.

5.844. Annuaire du Club Alpin Français, 1888.

5.847. Société de Géographie de Paris, 1889.

5.848. »   »   Comptes-rendus des séances, 1889.

5.849. Société de Geographie commerciale de Paris, 1888/89.

5.850. Société de Géographie de l'Ain, 1889.

5.851.   »   »   de l'Est, 1889.

5.852.   »   »   de Lyon, 1889.

5.853.   »   »   de Marseille, 1889.

5.854.   »   »   de Rochefort, 1888/89.

5.855.   »   »   de Toulouse, 1889.

5.856. Société bretonne de Géographie (Lorient) 1889.

5.857. Société de Géographie commerciale du Havre, 1889.

5.858.   »   »   de Bordeaux, 1889.

5.859.   »   »   de Nantes, 1889.

5.860. Société bourguignonne de Géographie et d'Histoire (Dijon) 1889.

5.861. Société de Géographie de Lille, 1889.

5.862. Société languedocienne de Géographie (Montpellier) 1889.

5.863. Société normande de Géographie (Rouen), 1889.

5.864. Union géographique du Nord de la France (Douai), 1889.

5.865. Société de Géographie de Tours, 1889.

5.866. Société de Géographie et d'Archéologie d'Oran, 1889.

ANGLETERRE

5.867. Royal geographical Society (Londres), 1889.

5.868. Scottish geographical Society (Edimbourg), 1889.

5.869. Manchester geographical Society, 1889.

BELGIQUE

5.870. Société royale belge de Géographie (Bruxelles), 1889.

5.871. Société royale de Géographie d'Anvers, 1888/89.

ALLEMAGNE

5.828. Mitteilungen de la Société de Géographie de Berlin, 1888.

5.842. Deutsche Colonial Zeitung, (Berlin), 1888.

5.872. Société de Géographie de Berlin, 1889.

5.873. » » de Brême 1889.

ITALIE

5.874. Société italienne de Géographie (Rome), 1889.

5.875. Société de Géographie de Florence, 1889.

5.876. Société africaine d'Italie (Naples), 1889.

ESPAGNE

5.826. Association d'excursions Catalane (Barcelone), 1888.

5.877. Société de Géographie de Madrid, 1889.

5.878. Société de Géographie commerciale de Madrid, 1889.

PAYS-BAS

5.839. Société néerlandaise de Géographie (Amsterdam), 1888.

5.879. » » » » 1889.

AUTRICHE-HONGRIE

5.830. Holmuseum (Vienne), 1888/89.

5.880. Société hongroise de Géographie (Buda-Pest), 1889.

ROUMANIE

5.838. Société roumaine de Géographie (Bucharest), 1888.

PORTUGAL

5.846. Sociéte de Géographie de Lisbonne, 1887.

AFRIQUE

5.881. Société khédiviale de Géographie (Le Caire), 1889.

AMÉRIQUE

5.843. Société de Géologie du Canada — Années 1882, 83 et 1884 (Montreal).

5.882. American geographical Society (New-York), 1889.

5.883. Société géographique argentine (Buenos-Ayres), 1889.

5.884. Institut géographique argentin (Buenos-Ayres), 1889.

ASIE

5.845. Société asiatique du Bengale (Calcutta), 1888.

OCÉANIE

5.841. Société indo-néerlandaise d'Industrie et d'Agriculture (Batavia). — Année 1888, 1er et 2e semestres *(2 vol.)*

SOCIÉTÉS DIVERSES

5.885. Société des Etudes maritimes et coloniales, 1889.

5.886. Club alpin français (bulletin mensuel), 1889.

5.887. 　　 »　　　　»　　　　(annuaire), 1889.

5.888. Académie nationale, agricole, manufacturière et commerciale, 1889.

5.889. Société industrielle de Rouen, 1889.

5.890. 　　　　　»　　　　d'Amiens, 1889.

5.891. 　　　　　»　　　　de Reims, 1889.

REVUES

5.892. **Revue de Géographie**, 1889.

5.893. **Revue de Géographie internationale**, 1888/89.

5 894. **Revue française de l'étranger et des colonies**, 1889.

5.895. **Les Missions catholiques**, 1889.

5.896. **Revue des Deux-Mondes** (Janvier et Février), 1889.

5.897.　　　　　》　　　》　　　(Mars et Avril), 1889.

5.898.　　　　　》　　　》　　　(Mai et Juin), 1889.

5.899.　　　　　》　　　》　　　(Juillet et Août), 1889.

5.900.　　　　　》　　　》　　　(Septembre et Octobre), 1889.

5.901.　　　　　》　　　》　　　(Novembre et Décembre), 1889.

5.902. **Revue politique et littéraire** (Revue bleue), 1er trim. 1889.

5.903.　　　　　　　》　　　　　　　》　2e　》　1889.

5.904.　　　　　　　》　　　　　　　》　3e　》　1889.

5.905.　　　　　　　》　　　　　　　》　4e　》　1889.

5.906. Revue Maritime et Coloniale 1er trimestre 1889.

5.907. » 2e » 1889.

5.908. » 3e » 1889.

5.909. » 4e » 1889.

5.910. L'Economiste Français 1er semestre 1889.

5.911. » 2e » 1889.

5.912. L'Afrique explorée et civilisée (Genève), 1889.

5.913. Petermann's Mitteilungen (Gotha), 1889.

5 914. L'Esplorazione commerciale (Milan), 1889.

5.915. Gazette coloniale allemande, 1889.

5.916. Le Mouvement géographique (Bruxelles), 1889.

5.917. Geographische Nachrichten (Bâle), 1889.

ATLAS

1 à 500

15. Gymnasial und Realschule Atlas, par ANDRÉE PUIZGER.

CARTES

500 à 1.000

AMÉRIQUE

709. Plan de l'entrée du port de Buenos-Ayres.

710. Plan de la ville de la Plata.

711. Pilot Chart of the North Atlantic Océan — Juillet 1889.

712.   »   »   Août.

713.   »   »   Septembre.

714.   »   »   Octobre.

715.   »   »   Supplément.

716.   »   »   Novembre.

717.   »   »   Décembre.

BIBLIOTHÈQUE

La Bibliothèque de la Société est ouverte tous les soirs de 6 heures 1/2 à 7 heures 1/2 et de 8· heures 1/2 à 10 heures, excepté les dimanches et jours fériés.

BIBLIOTHÈQUE

La Bibliothèque de la Société est ouverte tous les soirs de 6 h. 1/2 à 7 h. 1/2 et de 8 h. 1/2 à 10 h., excepté les dimanches et jours fériés.

L'agent de la Société se tient à la disposition des membres de la Société pour leur donner tous les renseignements.

On peut emporter à domicile les ouvrages qu'on veut consulter en se conformant au règlement de la Bibliothèque.

La Société, désireuse de satisfaire les désirs de ses membres, les prie de bien-vouloir indiquer à l'agent de la Société ou au bibliothécaire, les ouvrages qu'ils voudraient consulter et qui ne se trouveraient pas encore à la Bibliothèque. Elle cherchera à se les procurer toutes les fois que cela lui sera possible.